Impressum
Verlag: BABADADA GmbH, Nedderfeld 112 , 22529 Hamburg
Geschäftsführer / Verlagsleitung: Harald Hof
Druck: Books on Demand GmbH, In de Tarpen 42, 22848 Norderstedt

Imprint
Publisher: BABADADA GmbH, Nedderfeld 112 , 22529 Hamburg, Germany
Managing Director / Publishing direction: Harald Hof
Print: Books on Demand GmbH, In de Tarpen 42, 22848 Norderstedt

escola
学校

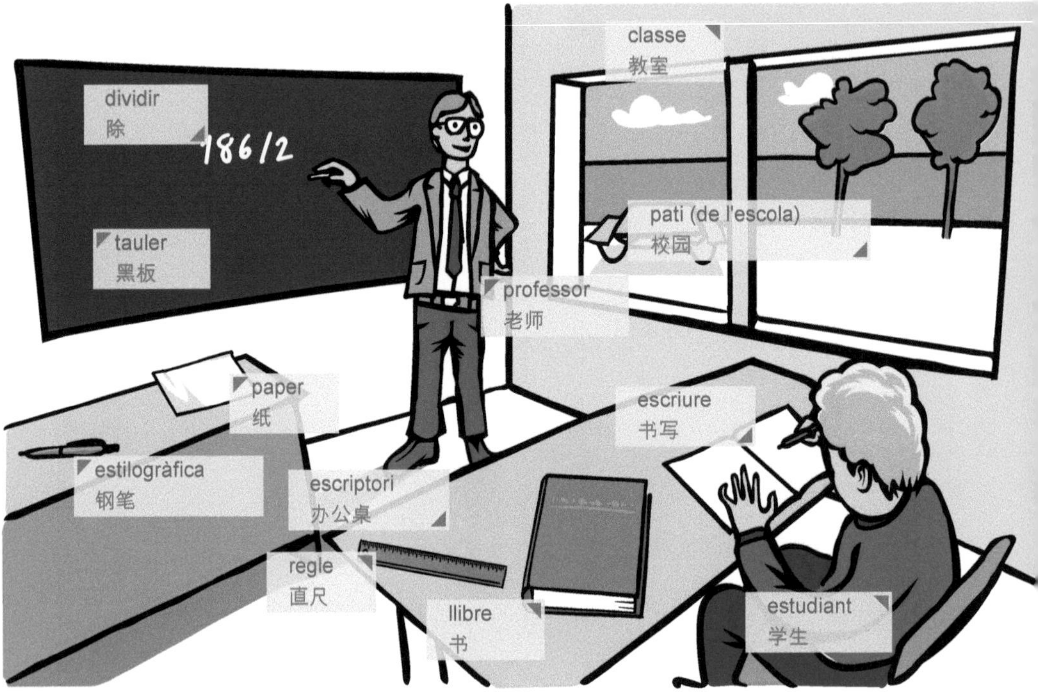

classe
教室
dividir
除
186/2
tauler
黑板
pati (de l'escola)
校园
professor
老师
paper
纸
escriure
书写
estilogràfica
钢笔
escriptori
办公桌
regle
直尺
llibre
书
estudiant
学生

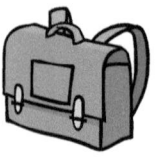

bossa
书包

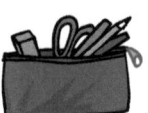

estoig
铅笔盒

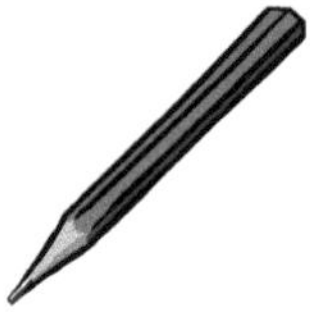

llapis
铅笔

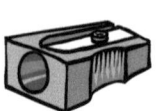

maquineta de fer punta
卷笔刀

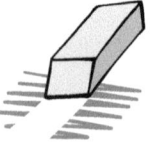

goma
橡皮擦

bloc de dibuix
画板

dibuix

图画

pinzell

画笔

capsa de pintures

颜料盒

tisores

剪刀

cola

胶水

quadern d'exercicis

练习册

deures

家庭作业

nombre

数字

afegir

加

sostreure

减

multiplicar

乘

calcular

计算

lletra

字母

alfabet

字母表

mot

字

text

课文

llegir

读

guix

粉笔

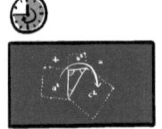

lliçó

上课

llibre de classe

登记

examen

考试

certificat

证书

uniforme escolar

校服

formació

教育

enciclopèdia

百科全书

universitat

大学

microscopi

显微镜

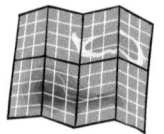

mapa

地图

paperera

废纸篓

viatge
旅行

hotel
酒店
Grand
alberg
青年旅社
ROOMS
EXCHANGE
oficina de canvi
外币兑换处
maleta
手提箱
automòbil
汽车

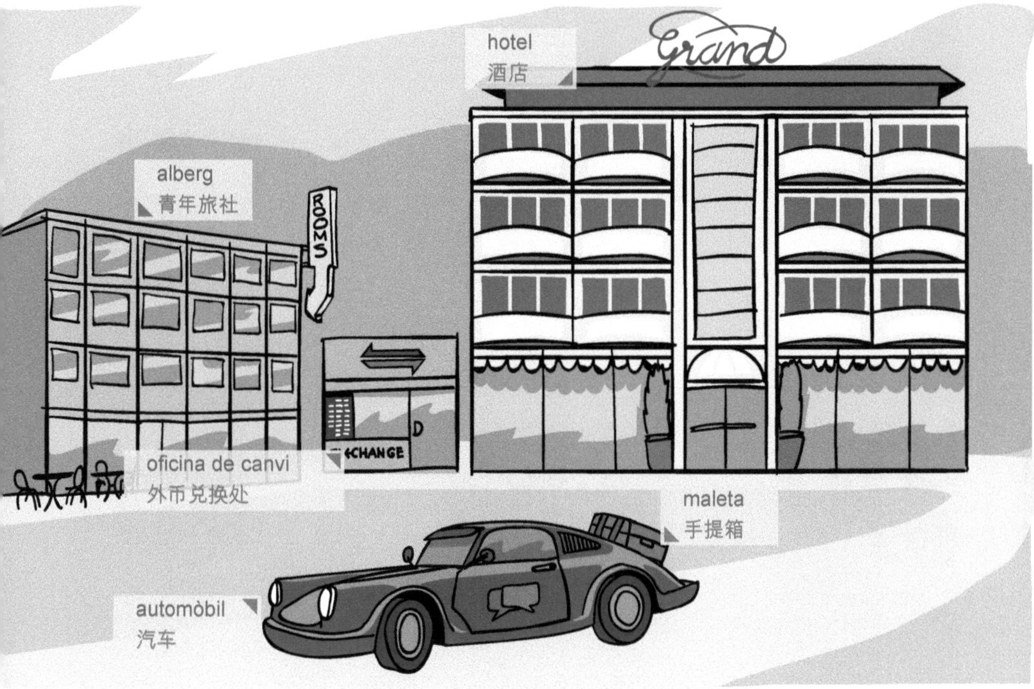

llengua
语言

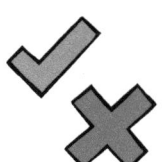

sí / no
是/否

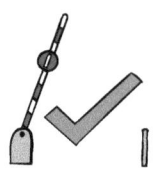

D'acord
好的

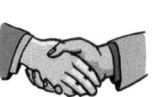

Ey!
您好

traductora
翻译员

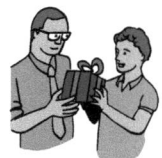

gràcies
谢谢

Quant costa... ?

......多少钱？

No entenc

我不明白

problema

问题

Bona nit!

晚上好！

bon dia!

早上好！

bona nit!

晚安！

fins aviat

再见

direcció

方向

bagatge

行李

bossa

包

sarrona

双肩包

convidat

客人

cambra

房间

sac de dormir

睡袋

tenda

帐篷

oficina de turisme

旅游信息

platja

海滩

carta de crèdit

信用卡

esmorzar

早餐

dinar

午餐

sopar

晚餐

bitllet

票

ascensor

电梯

segell

邮票

frontera

边界

duana

海关

ambaixada

大使馆

visat

签证

passaport

护照

transport
交通运输

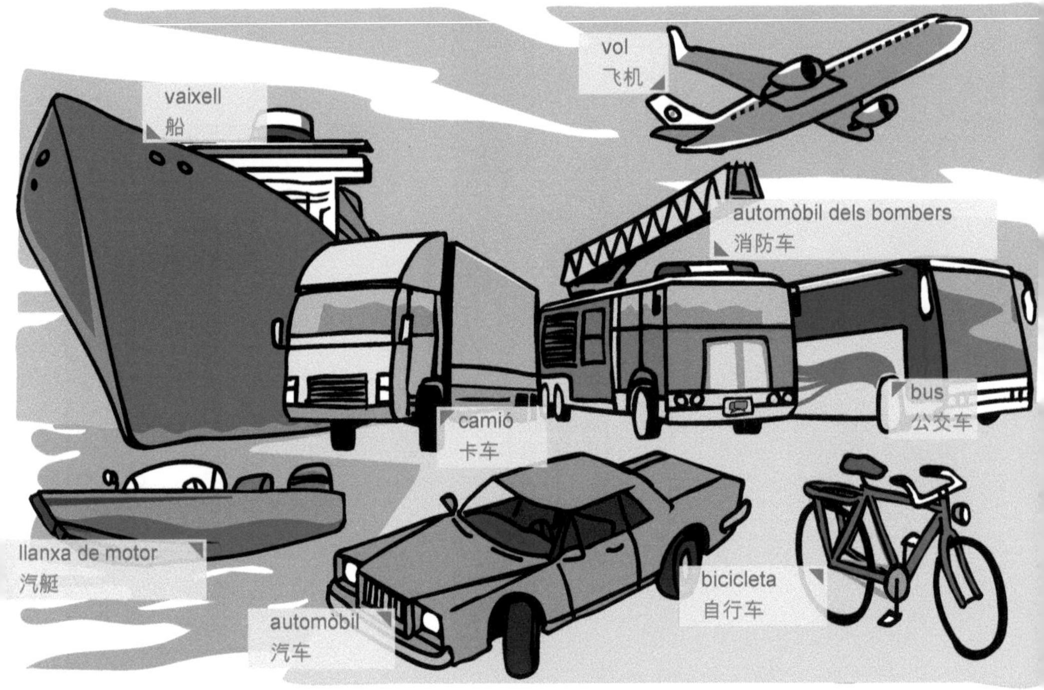
vol
飞机
vaixell
船
automòbil dels bombers
消防车
bus
公交车
camió
卡车
llanxa de motor
汽艇
bicicleta
自行车
automòbil
汽车

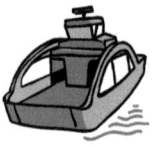

transbordador

摆渡船

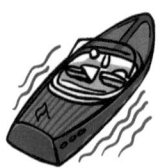

barca

小船

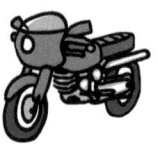

moto

摩托车

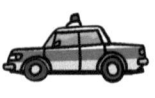

automòbil de policia

警车

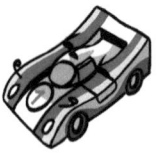

automòbil de curses

赛车

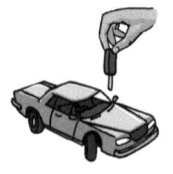

automòbil de lloguer

租车

vehicle compartit

拼车

grua

拖车

camió de les escombraries

垃圾车

motor

发动机

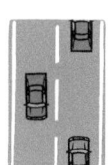

benzina

汽油

benzineria

加油站

senyal de trànsit

交通标志

trànsit

交通

embús

交通堵塞

aparcament

停车场

estació de trens

火车站

vies

轨道

tren

火车

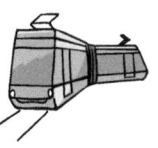

tramvia

电车

vagó

货车

helicòpter

直升机

aeroport

机场

torre

塔

passatger

乘客

contenidor

集装箱

capsa de cartó

纸板箱

carretó

手推车

cistella

篮子

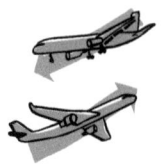

enlairar-se / aterrar

起飞/降落

ciutat

城市

poble

村庄

centre de la ciutat

市中心

casa

房子

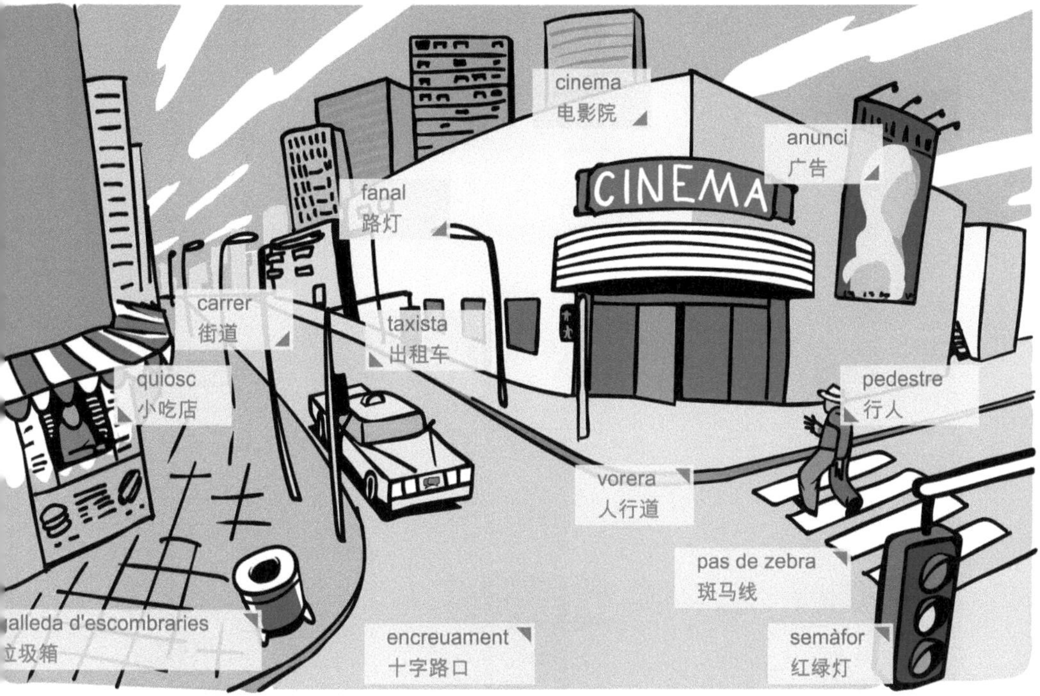

cinema
电影院

anunci
广告

fanal
路灯

CINEMA

carrer
街道

taxista
出租车

pedestre
行人

quiosc
小吃店

vorera
人行道

pas de zebra
斑马线

alleda d'escombraries
立圾箱

encreuament
十字路口

semàfor
红绿灯

cabana

小屋

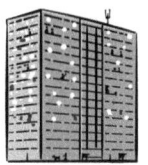

apartament

公寓

estació de trens

火车站

casa de la vila-ciutat

市政厅

museu

博物馆

escola

学校

universitat

大学

banca

银行

hospital

医院

hotel

酒店

farmàcia

药房

oficina

办公室

llibreria

书店

botiga

商店

floristeria

花店

supermercat

超市

mercat

市场

gran magatzem

百货商店

peixateria

鱼店

centre comercial

购物中心

port

海港

parc

公园

banc

长凳

pont

桥

escala

楼梯

metro

地铁

túnel

隧道

parada d'autobús

公交车站

bar

酒吧

restaurant

餐馆

bústia de correu

邮筒

senyal indicador

路标

parquímetre

停车计时器

zoo

动物园

piscina

游泳馆

mesquita

清真寺

granja

农场

pol·lució

污染

cementiri

墓地

església

教堂

parc infantil

操场

temple

寺庙

paisatge

地形

fulla
树叶

cartell indicador
指示牌

camí
路

prat
草地

pedra
石头

arbre
树

excursionista
徒步旅行者

riu
河

gespa
草

flor
花

vall

峡谷

muntanya

山

llac

湖

bosc

森林

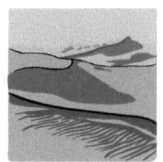

desert

沙漠

volcà

火山

castell

城堡

arc de Sant Martí

彩虹

bolet

蘑菇

palmera

棕榈树

moscard

蚊子

mosca

苍蝇

formiga

蚂蚁

abella

蜜蜂

aranya

蜘蛛

escarabat

甲虫

granota

青蛙

esquirol

松鼠

eriçó

刺猬

llebre

野兔

òliba

猫头鹰

ocell

鸟

cigne

天鹅

senglar

野猪

cervo

鹿

ant

麋鹿

presa

水坝

turbina

风力发电机

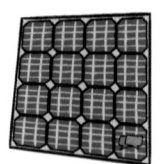

panell solar

太阳能电池板

clima

气候

cambrer
服务员

menú
菜单

cadira
椅子

sopa
汤

pizza
披萨饼

coberts
餐具

tovalla
桌布

primer plat
前菜

plat principal
主菜

darreries
甜点

begudes
饮料

menjar
食物

ampolla
瓶子

menjar ràpid

快餐

menjar de carrer

街边小吃

tetera

茶壶

sucrer

糖盒

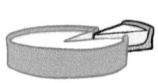

porció

一份饭菜

màquina d'espresso

意式咖啡机

trona

高脚椅

factura

账单

plata

托盘

ganivet

刀

forqueta

餐叉

cullera

勺子

cullereta

茶匙

tovalló

餐巾

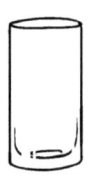

got

玻璃杯

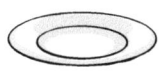

plat
碟子

plat de sopa
汤盘

plateret
碟子

salsa
酱

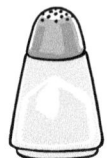

saler
盐瓶

molinet de pebre
胡椒磨

vinagre
醋

oli
食用油

espècies
调味料

quètxup
番茄酱

mostassa
芥末

maionesa
蛋黄酱

supermercat

超市

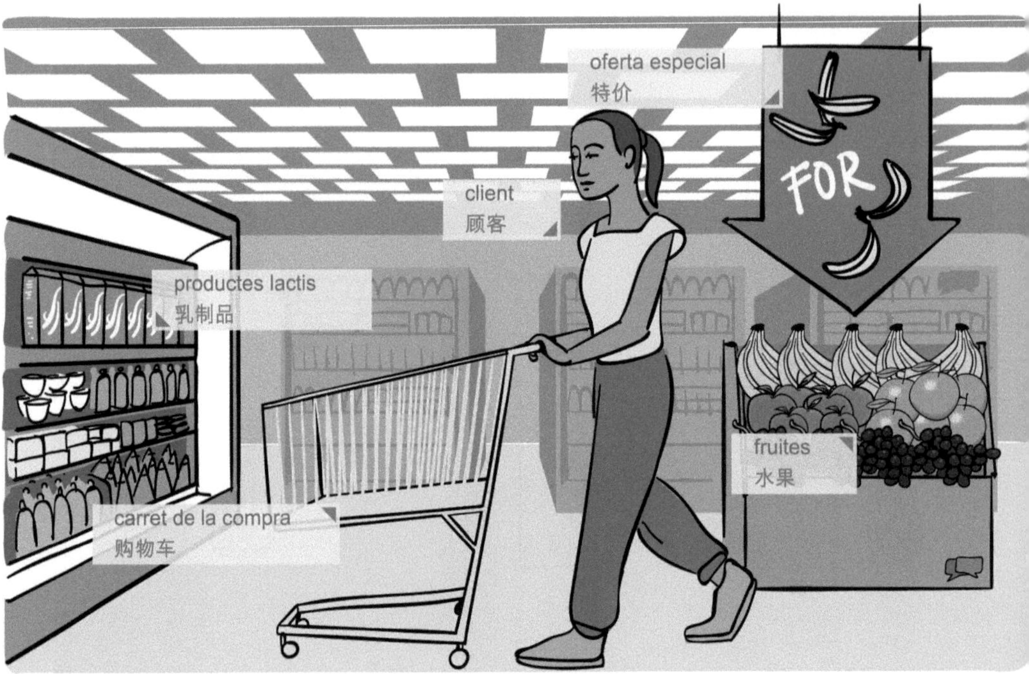

oferta especial
特价
FOR
client
顾客
productes lactis
乳制品
fruites
水果
carret de la compra
购物车

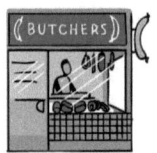

BUTCHERS

carnisseria

肉铺

BAKERY

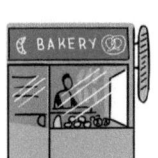

forn de pa

面包房

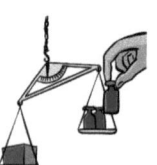

pesar

称重

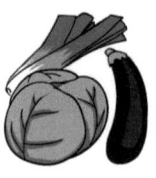

verdures

蔬菜

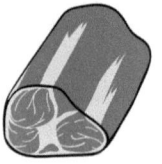

carn

肉

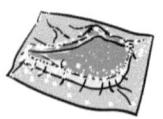

menjar congelat

冷冻食品

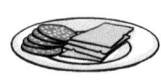

carn freda

冷盘

conserves

罐头食品

detergent en pols

洗衣粉

dolços

甜食

articles domèstics

日用品

productes de neteja

清洁用品

venedora

销售员

caixa registradora

收银机

caixera

收银员

llista de la compra

购物清单

horari d'obertura

开放时间

portamonedes

钱包

carta de crèdit

信用卡

bossa

袋子

bossa de plàstic

塑料袋

aigua

水

suc

果汁

llet

牛奶

coca-cola

可乐

vi

红酒

cervesa

啤酒

alcohol

酒

cacau

可可

te

茶

cafè

咖啡

espresso

意式浓缩咖啡

cappuccino

卡布奇诺

banana

香蕉

poma

苹果

taronja

橙子

síndria

西瓜

llimona

柠檬

pastanaga

胡萝卜

all

大蒜

bambú

竹子

ceba

洋葱

bolet

蘑菇

avellanes

坚果

fideus

面条

espaguetis

意大利面条

arròs

米饭

amanida

沙拉

patates fregides

薯条

patates fregides

炸土豆

pizza

披萨饼

hamburguesa

汉堡包

entrepà

三明治

escalopa

炸猪排

cuixot

火腿

salami

萨拉米

salsitxa

香肠

pollastre

鸡肉

rostit

烤肉

peix

鱼

flocs de civada

燕麦片

musli

穆兹利

cereals

玉米片

farina

面粉

croissant

羊角面包

panet

面包卷

pa

面包

torrada

烤面包

bescuits

饼干

mantega

黄油

mató

凝乳

pastís

蛋糕

ou

蛋

ou fregit

煎蛋

formatge

奶酪

gelat

冰激凌

sucre

糖

mel

蜂蜜

melmelada

果酱

crema de xocolata

巧克力酱

curri

咖喱饭

granja
农场

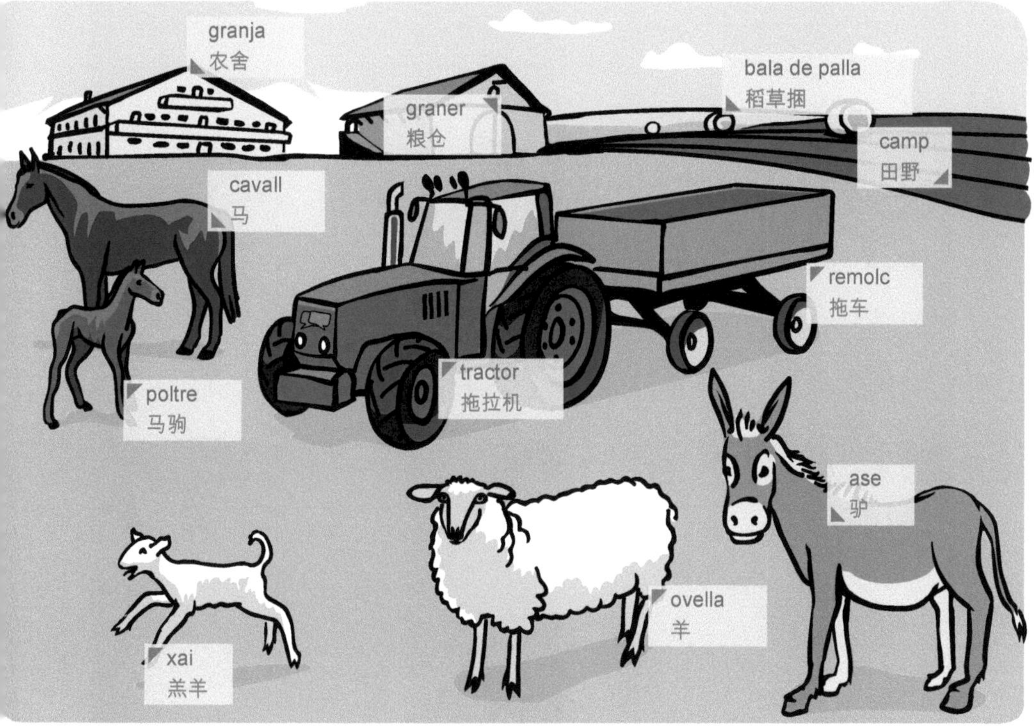
granja
农舍
graner
粮仓
bala de palla
稻草捆
camp
田野
cavall
马
remolc
拖车
tractor
拖拉机
poltre
马驹
ase
驴
ovella
羊
xai
羔羊

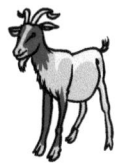

cabra
山羊

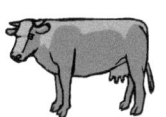

vaca
奶牛

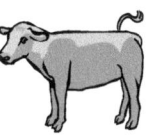

vedella
牛犊

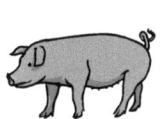

porc
猪

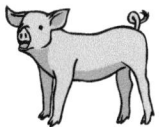

garrí
小猪

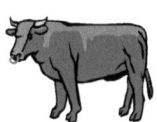

bou
公牛

oca

鹅

ànec

鸭

poll

小鸡

gall

母鸡

gallina

公鸡

rata

鼠

gat

猫

ratolí

老鼠

bou

牛

gos

狗

gossera

狗屋

mànega de regar

花园浇水软管

regadora

洒水壶

dalla

长柄大镰刀

arada

犁

falç

镰刀

aixada

锄头

forca

长柄草耙

destral

斧头

carretó

独轮手推车

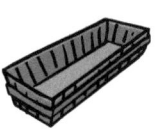

abeurador

饲料槽

lletera

牛奶罐

sac

麻布袋

tanca

栅栏

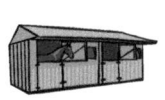

establa

马厩

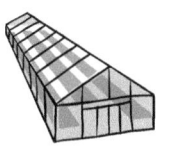

hivernacle

温室

sòl

土壤

llavor

种子

adob

肥料

collidora

联合收割机

collir

收割

collita

收割

nyam

山药

blat

小麦

soja

大豆

patata

土豆

blat de moro o d'indi

玉米

colza

油菜籽

arbre fruiter

果树

mandioca

树薯

cereals

谷物

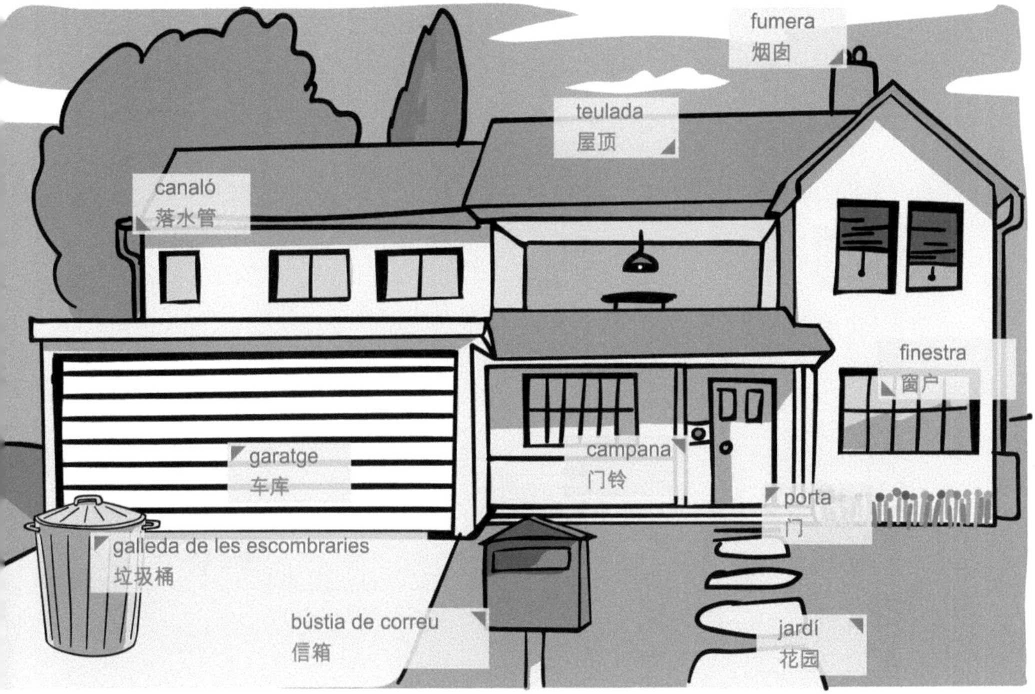

fumera
烟囱

teulada
屋顶

canaló
落水管

finestra
窗户

garatge
车库

campana
门铃

porta
门

galleda de les escombraries
垃圾桶

bústia de correu
信箱

jardí
花园

sala d'estar

客厅

bany

浴室

cuina

厨房

cambra de dormir

卧室

cambra de nen

儿童房

menjador

餐厅

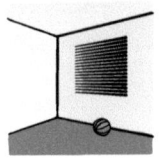

sòl

地板

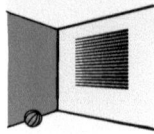

paret

墙壁

sostre

吊顶

soterrani

地窖

sauna

桑拿

balcó

阳台

terrassa

露台

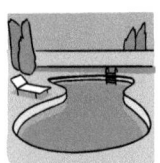

piscina

游泳池

tallagespa

割草机

vànova

被单

cobrellit

床罩

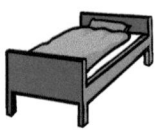

llit

床

escombra

扫帚

galleda

水桶

interruptor

开关

casa - 房子

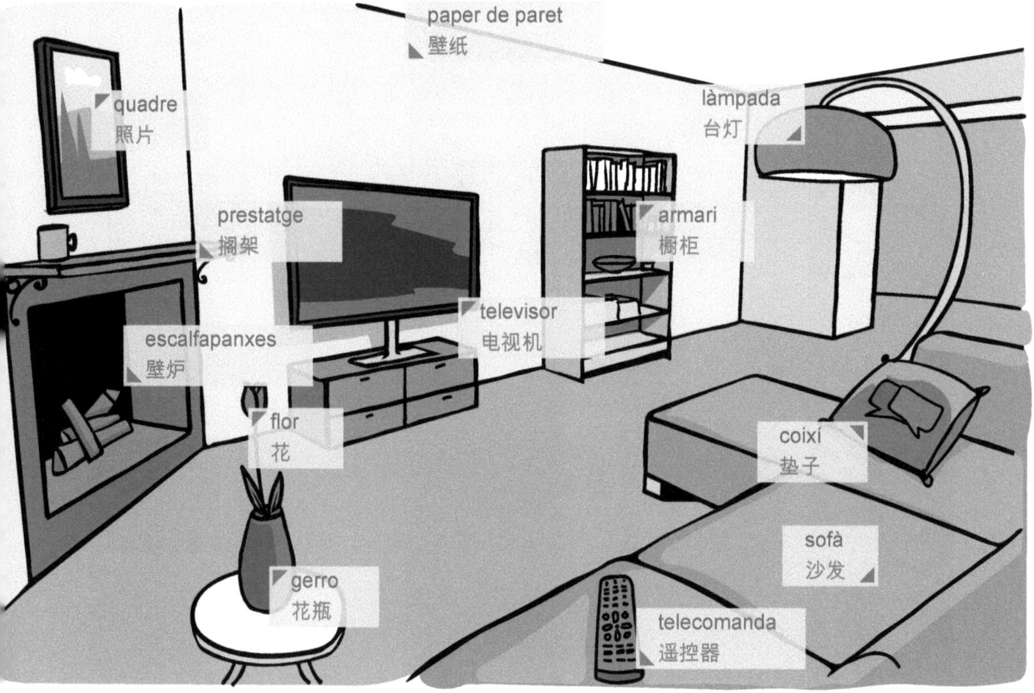

paper de paret
壁纸

quadre
照片

làmpada
台灯

prestatge
搁架

armari
橱柜

escalfapanxes
壁炉

televisor
电视机

flor
花

coixí
垫子

gerro
花瓶

sofà
沙发

telecomanda
遥控器

catifa

地毯

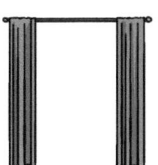

cortina

窗帘

taula

餐桌

cadira

椅子

cadira gronxadora

摇椅

cadiral

扶手椅

llibre

书

llençol

毯子

decoració

装饰品

llenya

木柴

film

电影

cadena de música

高保真音响

clau

钥匙

diari

报纸

pintura

油画

cartell

海报

ràdio

收音机

bloc de notes

笔记本

aspiradora

吸尘器

cactus

仙人掌

candela

蜡烛

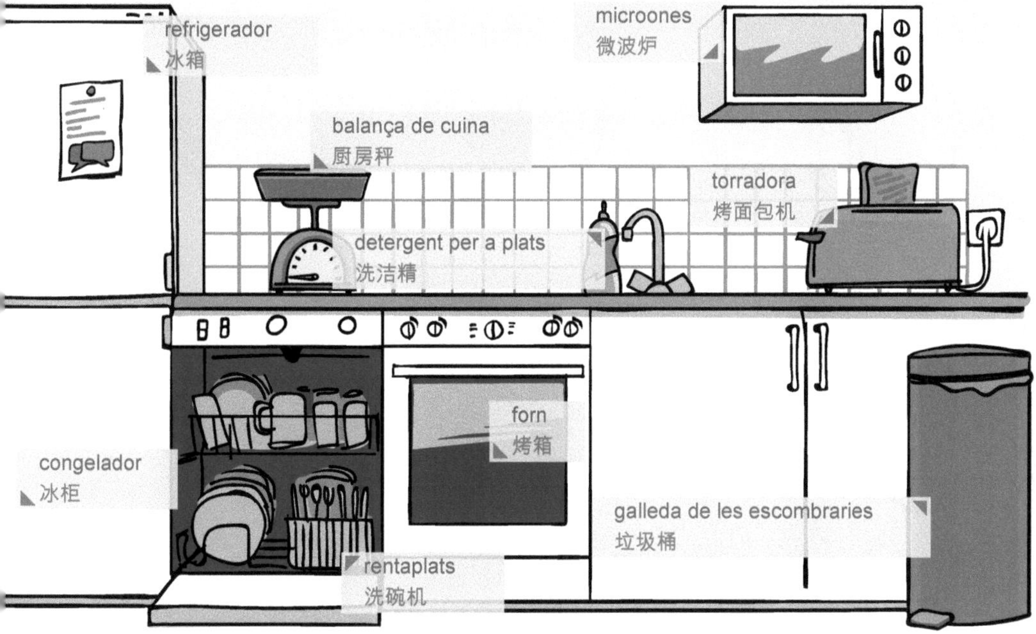

refrigerador
冰箱

microones
微波炉

balança de cuina
厨房秤

torradora
烤面包机

detergent per a plats
洗洁精

forn
烤箱

congelador
冰柜

galleda de les escombraries
垃圾桶

rentaplats
洗碗机

cuina de fogons

炊具

olla

锅

olla de ferro colat

铸铁锅

wok / karahi

炒锅

paella

平底锅

bullidor

水壶

olla de vapor

蒸锅

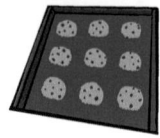

plata de forn

烤盘

vaixella

陶瓷锅

tassa grossa

马克杯

bol

碗

bastonets xinesos

筷子

culler

长柄勺

espàtula

铲子

batedor

搅拌器

colador

滤网

sedàs

筛子

ratllador

磨碎机

morter

研钵

barbacoa

烧烤

foc a terra

明火

taula de tallar

菜板

corró

擀面杖

llevataps

开瓶器

pot de conserva

罐子

obridor

开罐器

agafador

隔热手套

aigüera

水槽

raspall

刷子

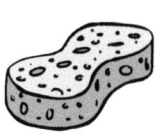

esponja

海绵

batedora

搅拌机

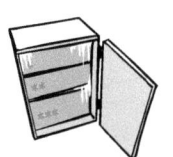

congelador

冷藏箱

biberó

奶瓶

aixeta

水龙头

bany

浴室

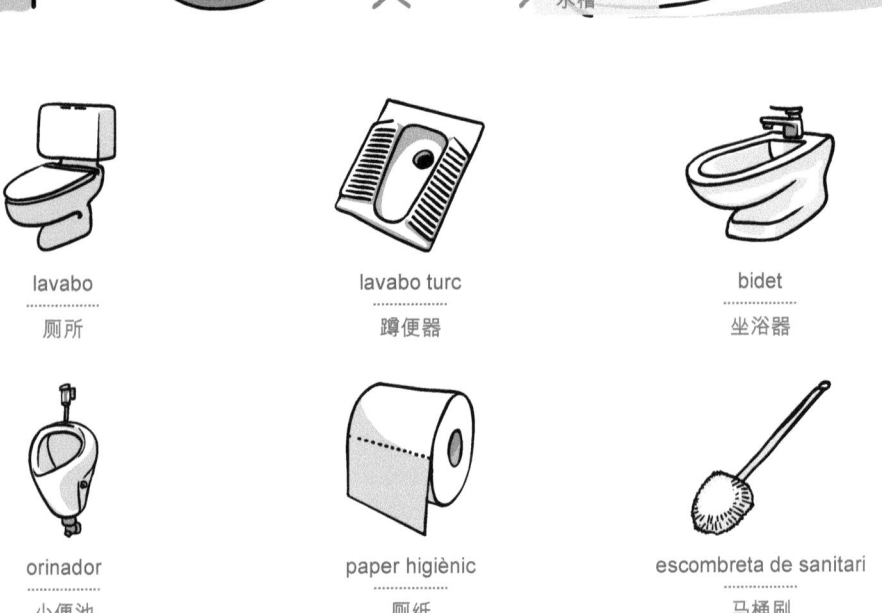

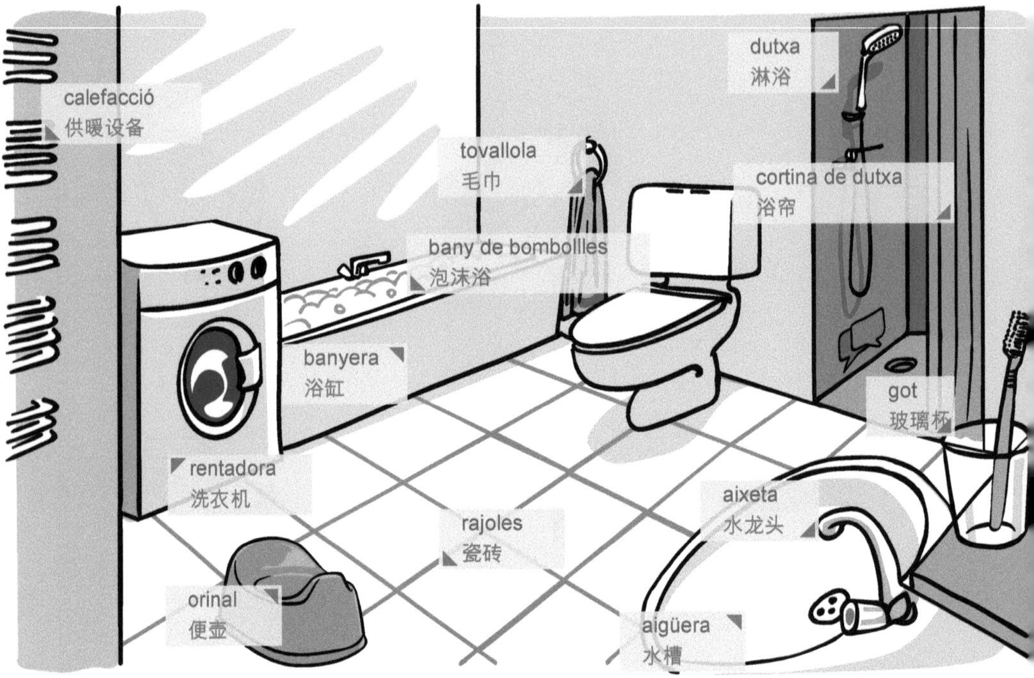
calefacció
供暖设备
dutxa
淋浴
tovallola
毛巾
cortina de dutxa
浴帘
bany de bombolles
泡沫浴
banyera
浴缸
got
玻璃杯
rentadora
洗衣机
aixeta
水龙头
rajoles
瓷砖
orinal
便壶
aigüera
水槽

lavabo

厕所

lavabo turc

蹲便器

bidet

坐浴器

orinador

小便池

paper higiènic

厕纸

escombreta de sanitari

马桶刷

raspall de dents

牙刷

pasta de dents

牙膏

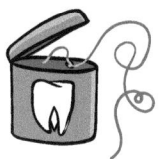

fil dental

牙线

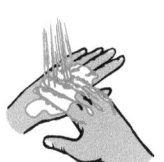

rentar

洗

pom de dutxa

手持式喷淋头

dutxa íntima

冲洗器

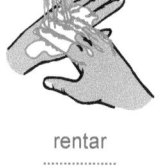

rentamans

洗脸盆

raspall per a l'esquena

擦背刷

sabó

肥皂

gel de dutxa

沐浴露

xampú

洗发水

manyopla de bany

法兰绒

bonera

排水

crema

乳霜

desodorant

除臭剂

mirall

镜子

mirall-espill de mà

手镜

maquineta de rasar

剃须刀

espuma de barbejar

剃须泡沫

loció post-rasada

须后水

pinta

梳子

raspall

刷子

eixugador

吹风机

laca

喷发定型剂

maquillatge

化妆品

pintallavis

唇膏

esmalt d'ungles

指甲油

cotó

化妆棉

tallaungles

指甲剪

perfum

香水

estoig de bellesa

洗漱包

tamboret

凳子

bàscula

计重秤

barnús

浴袍

guants de goma

橡胶手套

compresa higiènica

卫生棉条

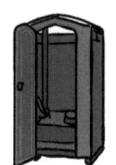

compresa

卫生巾

sanitari químic

化学厕所

cambra de nen

儿童房

despertador
闹钟
animal de peluix
毛绒玩具
auto de joguina
玩具车
sonall
拨浪鼓
casa de nines
玩具屋
present
礼物

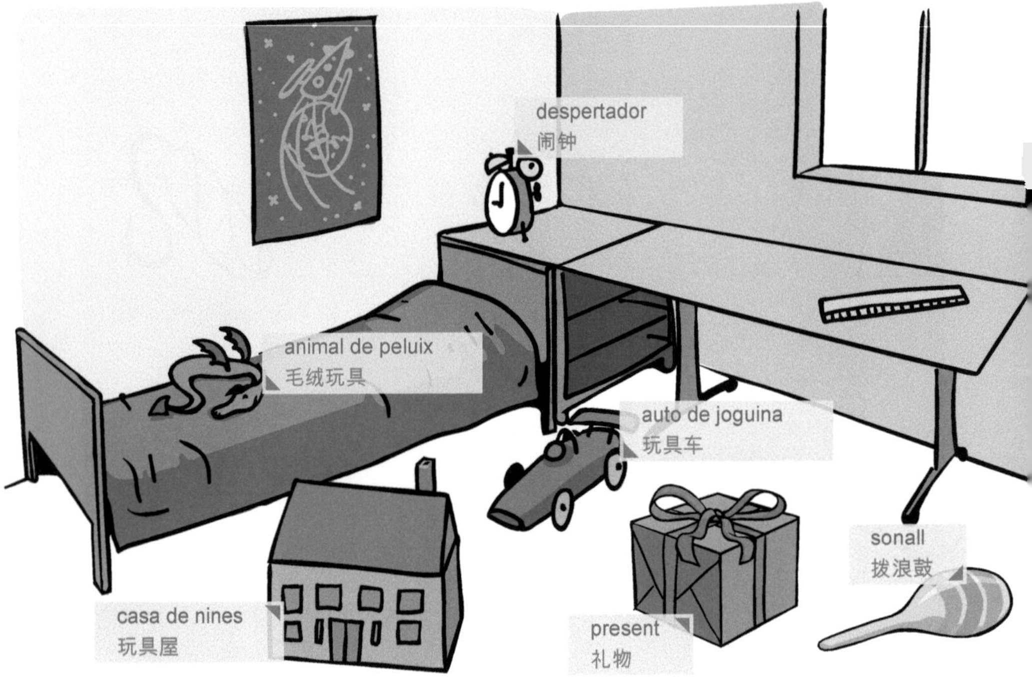

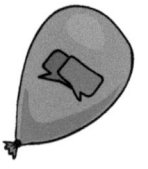

baló

气球

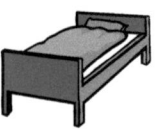

llit

床

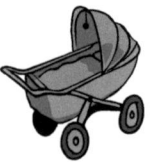

cotxet per a nens

（洋娃娃用）婴儿车

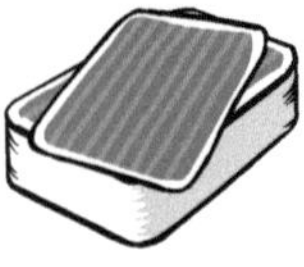

joc de cartes

扑克牌

trencaclosca

拼图

SUPER MEGA

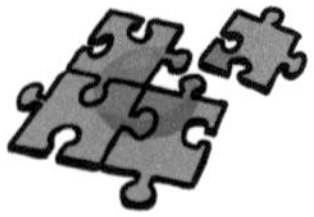

historieta

漫画

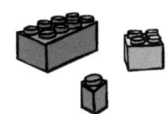

peces de lego

乐高积木

peces de construcció

积木玩具

ninot d'acció

玩具人

granota

婴儿服

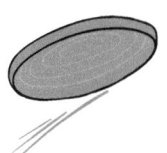

frisbee

飞盘

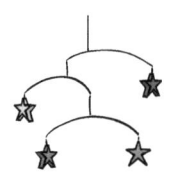

mòbil per a bressol

床铃玩具

joc de taula

棋盘游戏

daus

骰子

tren elèctric

火车模型

xumet

安抚奶嘴

festa

聚会

llibre de dibuixos

绘本

pilota

球

nina

洋娃娃

jugar

玩

sorrera

沙坑

gronxador

秋千

joguines

玩具

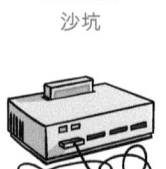

consola de jocs de vídeo

游戏机

tricicle

三轮车

osset de peluix

泰迪熊

armari

衣柜

roba

衣服

mitjons

袜子

mitges

长袜

mitja pantaló

紧身裤

tapacoll
围巾

cintura
皮带

paraigua
雨伞

camiseta
T恤

botes
靴子

sabates d'esport
运动鞋

plantofes
拖鞋

sandàlies

凉鞋

sabates

鞋

botes de goma

雨靴

calçonets

内裤

sostenidor

胸罩

guardapits

背心

jjustacòs

身体

pantalons

裤子

jeans

牛仔裤

faldeta

短裙

brusa

女式衬衫

camisa

衬衫

jersei

套头衫

dessuadora

卫衣

blazer

西装夹克

jaqueta

夹克

mantell

外套

impermeable

雨衣

vestit de dona

套装

vestit de dona

连衣裙

vestit de núvia

婚纱

vestit d'home

西装

camisa de dormir

睡袍

pijama

睡衣

sari

莎丽

mocador de cap

头巾

turbant

包头巾

burca

波卡

caftan

卡夫坦

abaia

(阿拉伯式)长袍长袍

vestit de bany

泳衣

calçon(et)s de bany

男式泳裤

pantalons curts

短裤

xandall

运动服

davantal

围裙

guants

手套

botó

纽扣

ulleres

眼镜

braçalet

手链

collaret

项链

anell

戒指

orellera

耳环

casquet

便帽

penjador

衣架

capell

帽子

corbata

领带

cremallera

拉链

casc

头盔

elàstics

背带

uniforme escolar

校服

uniforme

制服

pitet

围兜

xumet

安抚奶嘴

bolquer

尿不湿

oficina
办公室

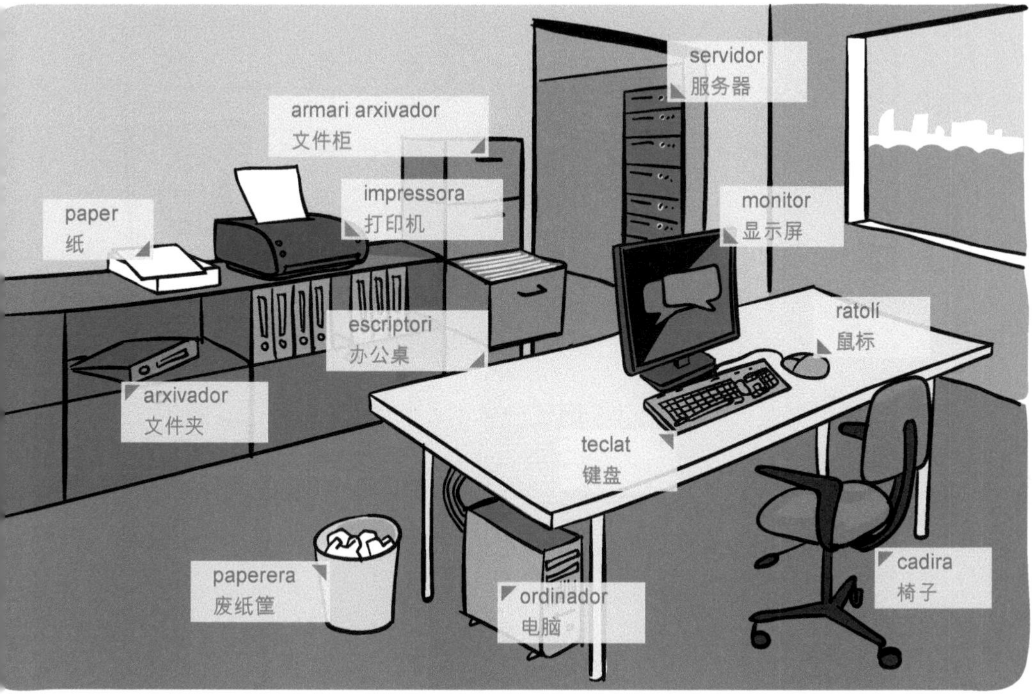

servidor
服务器

armari arxivador
文件柜

impressora
打印机

monitor
显示屏

paper
纸

ratolí
鼠标

escriptori
办公桌

arxivador
文件夹

teclat
键盘

cadira
椅子

paperera
废纸筐

ordinador
电脑

tassa de cafè

咖啡杯

calculadora

计算器

Internet

因特网

ordinador portàtil

笔记本电脑

lletra

信件

missatge

消息

mòbil

手机

xarxa

网络

fotocopiadora

复印机

programari

软件

telèfon

电话

presa de corrent

插座

fax

传真机

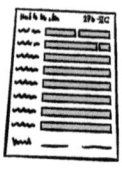

formulari

表格

document

文件

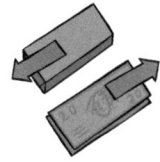

comprar

买

pagar

付钱

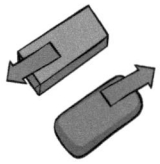

comerciar

交易

diners

现金

dòlar

美元

euro

欧元

ien

日元

ruble

卢布

franc suís

瑞士法郎

renminbi

人民币

rupia

卢比

caixa automàtica

提款处

oficina de canvi

外币兑换处

or

金

argent

银

petroli

石油

energia

能源

preu

价格

contracte

合同

impost

税金

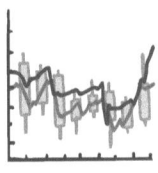

acció

股票

treballar

工作

treballador

职员

empresari

老板

fàbrica

工厂

botiga

商店

economia - 经济

oficial de policia
警官

bomber
消防员

cuíner
厨师

doctora
医生

pilot
飞行员

jardiner

园丁

fuster

木匠

costurera

裁缝

jutge

法官

química

化学家

actor

演员

conductor d'autobús

公交车司机

taxista

出租车司机

pescador

渔夫

dona de la neteja

清洁女工

ensostrador

屋顶工

cambrer

服务员

caçador

猎人

pintor

画家

forner

面包师

electricista

电工

obrer de la construcció

建筑工人

enginyer

工程师

carnisser

屠夫

llanterner

水管工

correu

邮递员

soldat

士兵

arquitecte

建筑师

caixera

收银员

florista

花农

perruquer

理发师

revisor

售票员

mecànic

机械师

capità

船长

dentista

牙医

científic

科学家

rabí

拉比

imam

伊玛目

monjo

和尚

capellà

牧师

eines
工具

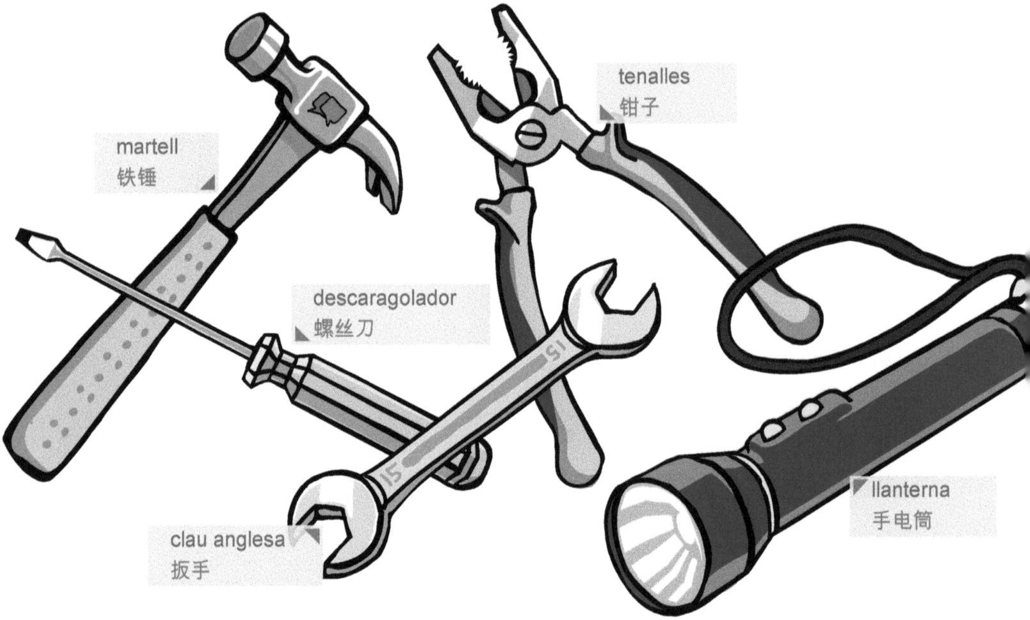
tenalles
钳子
martell
铁锤
descaragolador
螺丝刀
llanterna
手电筒
clau anglesa
扳手

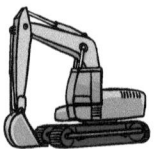

excavadora

挖掘机

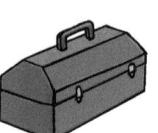

caixa d'eines

工具箱

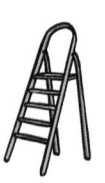

escala

梯子

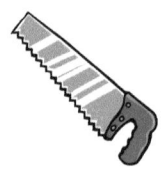

serra

锯子

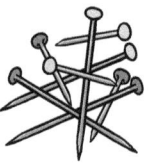

claus

钉子

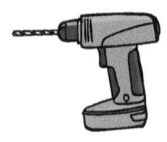

trepant

钻机

reparar

修

pala

铲子

Maleït siga!

靠！

pala

簸箕

pot de pintura

油漆桶

caragols

螺丝

instrument de música

乐器

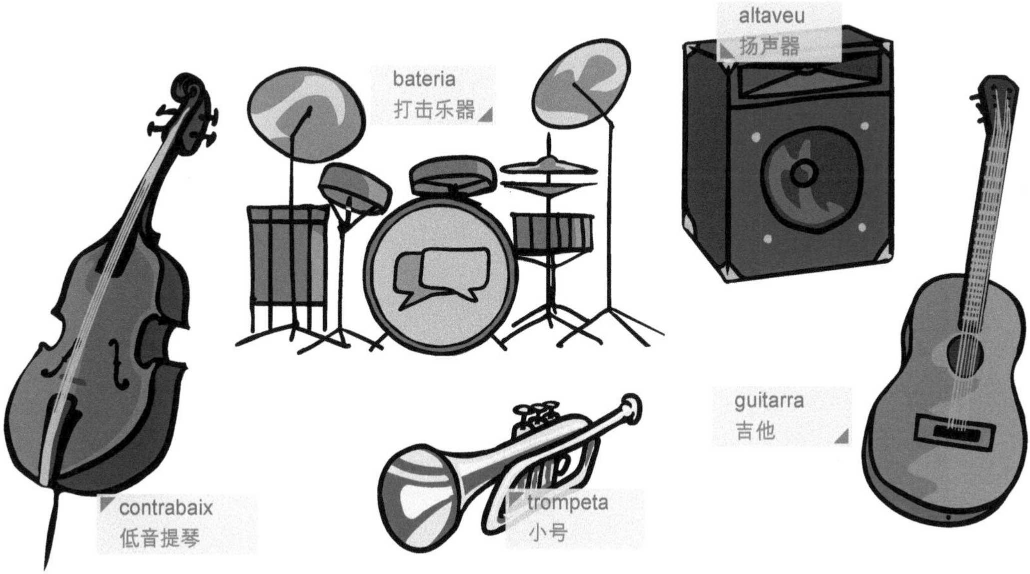

altaveu
扬声器

bateria
打击乐器

guitarra
吉他

contrabaix
低音提琴

trompeta
小号

piano

钢琴

violí

小提琴

baix

贝斯

timbal

定音鼓

tambor

鼓

teclat

电子琴

saxofon

萨克斯管

flauta

长笛

micròfon

麦克风

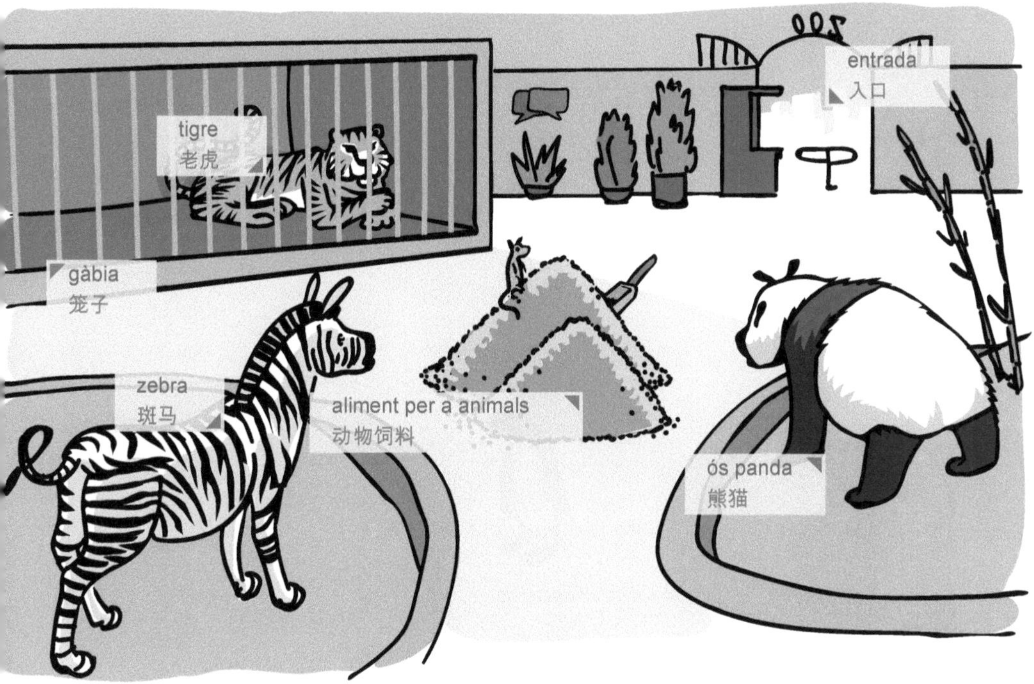

tigre
老虎

entrada
入口

gàbia
笼子

zebra
斑马

aliment per a animals
动物饲料

ós panda
熊猫

animals

动物

elefant

大象

cangurú

袋鼠

rinoceront

犀牛

goril·la

大猩猩

ós

熊

camell

骆驼

estruç

鸵鸟

lleó

狮子

simi

猴子

flamenc

火烈鸟

papagai

鹦鹉

ós polar

北极熊

pingüí

企鹅

ca mari

鲨鱼

paó

孔雀

serp

蛇

cocodril

鳄鱼

guardià del zoo

动物园管理员

foca

海豹

jaguar

美洲豹

poni

矮种马

lleopard

豹

hipopòtam

河马

girafa

长颈鹿

àliga

老鹰

senglar

野猪

peix

鱼

tortuga

龟

morsa

海象

guineu

狐狸

gasela

羚羊

futbol americà
橄榄球

ciclisme
骑自行车

tenis
网球

bàsquet
篮球

natació
游泳

boxa
拳击

hoquei sobre gel
冰球

futbol americà
英式足球

bàdminton
羽毛球

atletisme
田径

handbol
手球

esquí
滑雪

polo
马球

riure
笑

saltar
跳

abraçar
拥抱

anar
走路

cantar
唱

somiar
做梦

pregar
祈祷

fer un petó
亲吻

escriure
书写

dibuixar
画

mostrar
展示

pitjar
推

donar
给

prendre
拿

tenir

有

fer

做

ésser

当

estar dret

站

córrer

跑

estirar

拉

llançar

扔

caure

摔倒

jeure

躺

esperar

等待

portar

携带

asseure's

坐

vestir-se

穿衣

dormir

睡觉

despertar-se

醒来

mirar

看

plorar

哭

amoixar

抚摸

pentinar

梳头

parlar

交谈

comprendre

明白

demanar

问

escoltar

听

beure

喝

menjar

吃

endreçar

清理

estimar

爱

cuinar

做饭

conduir

开车

volar

飞

navegar

航行

calcular

计算

llegir

读

aprendre

学习

treballar

工作

casar-se

结婚

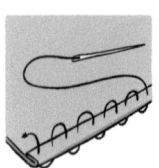

cosir

缝

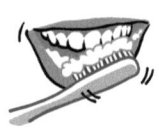

raspallar-se les dents

刷牙

matar

杀

fumar

抽烟

enviar

寄

família
家

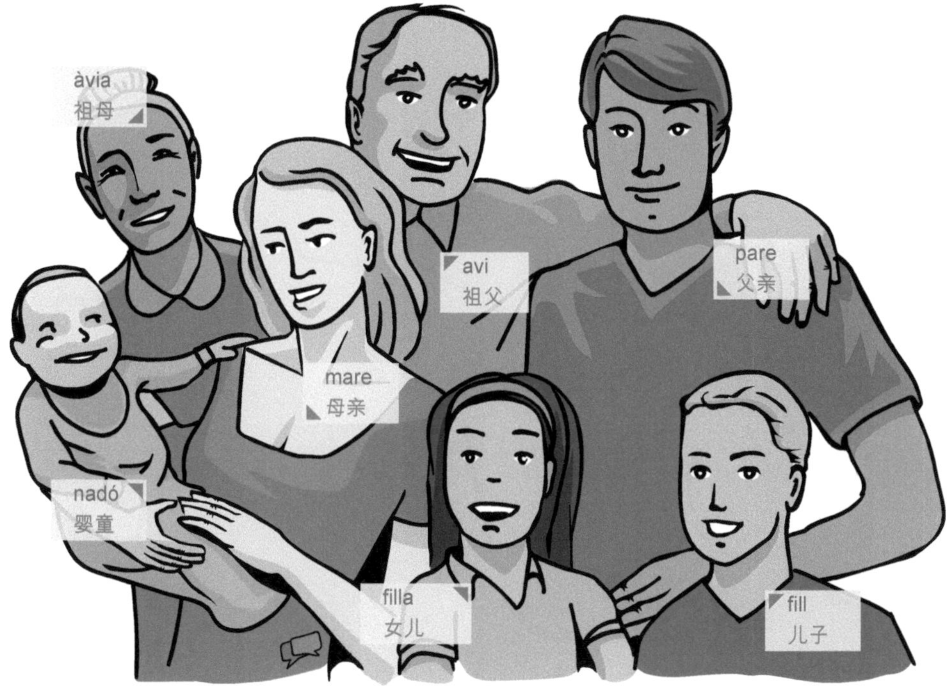
àvia
祖母
avi
祖父
pare
父亲
mare
母亲
nadó
婴童
filla
女儿
fill
儿子

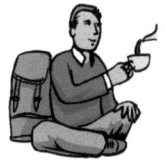

convidat
客人

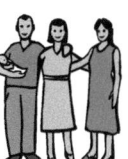

tia
阿姨

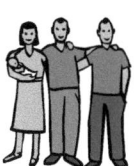

oncle
叔叔

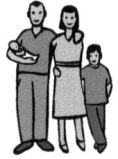

germà
兄弟

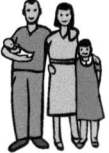

germana
姐妹

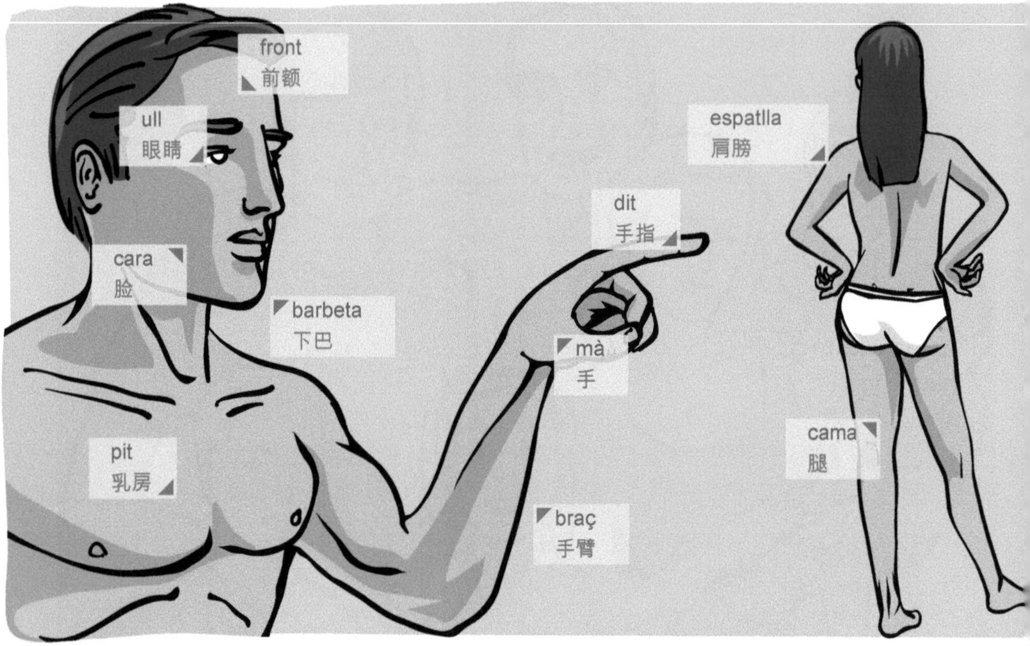

front
前额

ull
眼睛

espatlla
肩膀

dit
手指

cara
脸

barbeta
下巴

mà
手

pit
乳房

cama
腿

braç
手臂

nadó

婴童

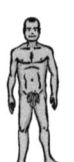

home

男人

dona

女人

noia

女孩

noi

男孩

cap

头

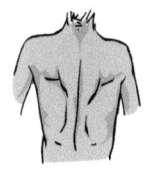

esquena

背部

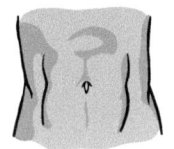

panxa

肚子

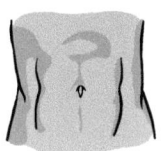

melic

肚脐

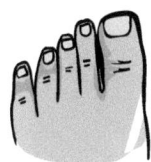

dit gros del peu

脚趾

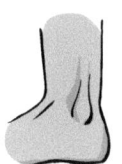

taló

脚后跟

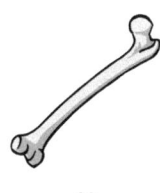

os

骨头

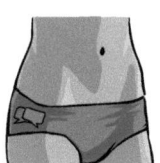

maluc

臀部

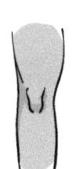

genoll

膝盖

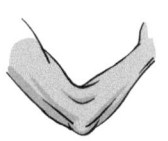

colze

手肘

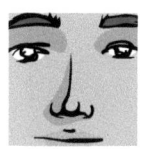

nas

鼻子

cul

屁股

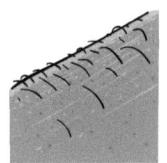

pell

皮肤

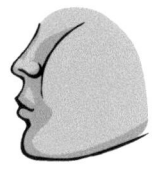

galta

脸颊

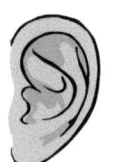

orella

耳朵

llavi

嘴唇

boca

嘴

dent

牙齿

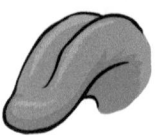

llengua

舌头

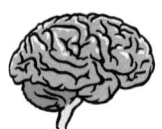

cervell

脑

cor

心脏

múscul

肌肉

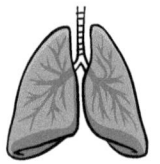

pulmó

肺

fetge

肝脏

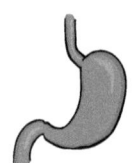

estómac

胃

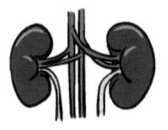

ronyó

肾脏

relació sexual

性交

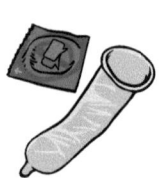

preservatiu

避孕套

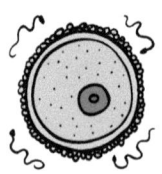

ovari

卵子

semen

精子

prenyat

怀孕

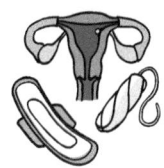

menstruació

月经

vagina

阴道

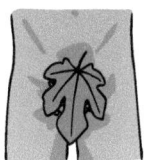

penis

阴茎

cella

眉毛

cabells

头发

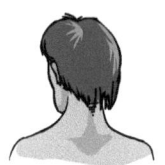

coll

脖子

hospital
医院

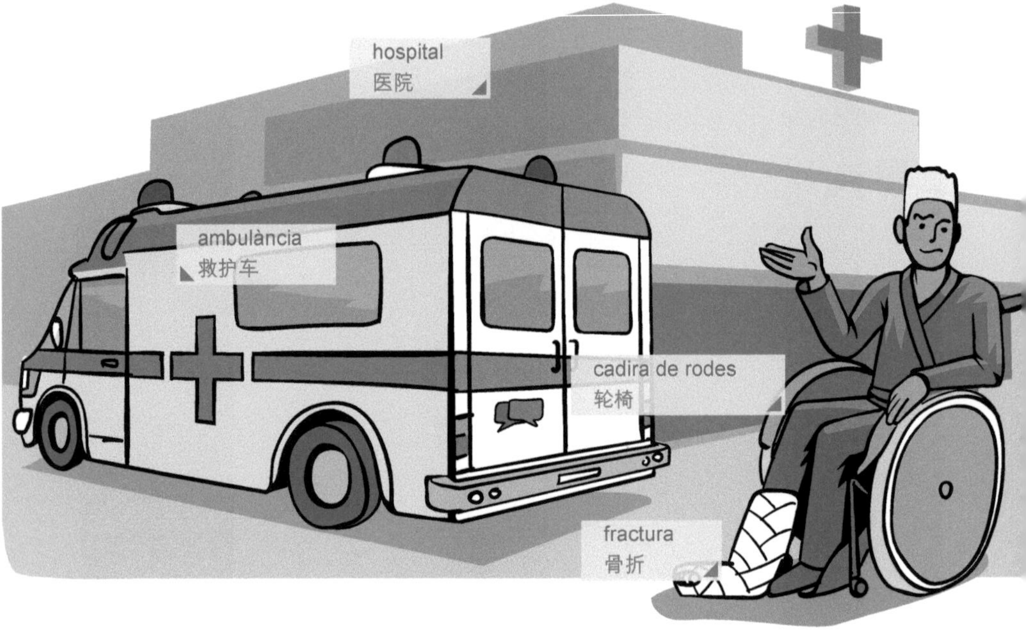

hospital
医院
ambulància
救护车
cadira de rodes
轮椅
fractura
骨折

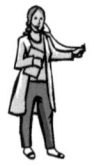

doctora
医生

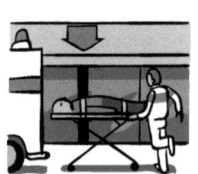

sala d'urgències
急诊室

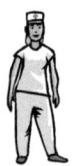

infermera
护士

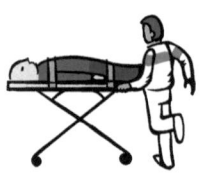

urgència
紧急情况

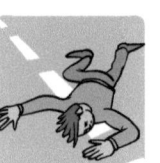

inconscient
昏迷

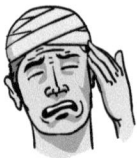

dolor
痛

ferida

受伤

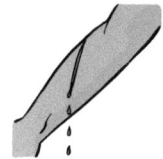

sagnament

出血

atac de cor

心脏病发作

apoplexia

中风

al·lèrgia

过敏

tos

咳嗽

febre

发烧

gripa

流感

diarrea

腹泻

mal de cap

头痛

càncer

癌症

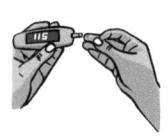

diabetis

糖尿病

cirurgià

外科医生

escalpel

手术刀

operació

手术

tomografia computada (TC), TAC
....
CT

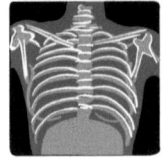

raigs x
....
X光

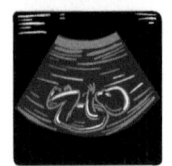

ultrasò
....
超声波

mascareta
....
口罩

malaltia
....
疾病

sala d'espera
....
候诊室

crossa
....
拐杖

tireta
....
石膏

embenat
....
绷带

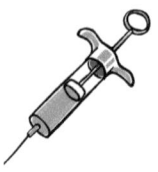

injecció
....
注射

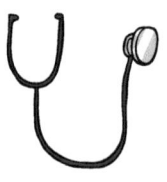

estetoscopi
....
听诊器

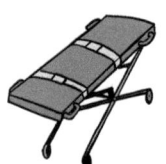

llitera
....
担架

termòmetre clínic
....
体温计

pariment
....
出生

sobrepès
....
超重

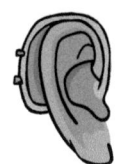

aparell auditiu

助听器

desinfectant

消毒液

infecció

感染

virus

病毒

VIH / SIDA

艾滋病

medicina

药物

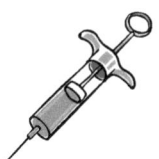

vaccí

接种疫苗

comprimits

药片

píl·lola

药丸

trucada d'urgència

急救电话

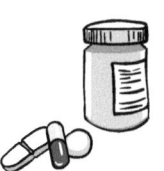

tensiòmetre

血压计

malalt / sà

生病/健康

Socors!

救命！

alarma

警报

assalt

突击

atac

攻击

perill

危险

sortida-eixida d'urgència

紧急出口

Foc!

着火啦！

extintor

灭火器

accident

意外

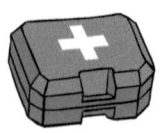

farmaciola de primers
auxilis

急救箱

SOS

呼救信号

policia

警察

Europa

欧洲

Amèrica del Nord

北美洲

Amèrica del Sud

南美洲

Àfrica

非洲

Àsia

亚洲

Austràlia

澳洲

Atlàntic

大西洋

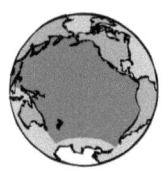

Pacífic

太平洋

Oceà Índic

印度洋

Oceà Antàrtic

南冰洋

Oceà Àrtic

北冰洋

pol nord

北极

poi sud

南极

Antàrtida

南极洲

terra

地球

país

陆地

mar

海

illa

岛

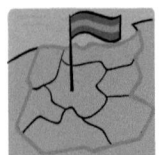

nació

国家

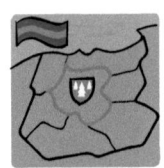

estat

国家

quadrant

钟面

agulla de les hores

时针

agulla dels minuts

分针

agulla dels segons

秒针

Quina hora és?

现在几点？

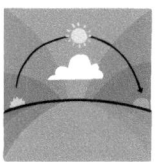

dia

天

temps

时间

ara

现在

rellotge digital

电子表

minut

分

hora

时

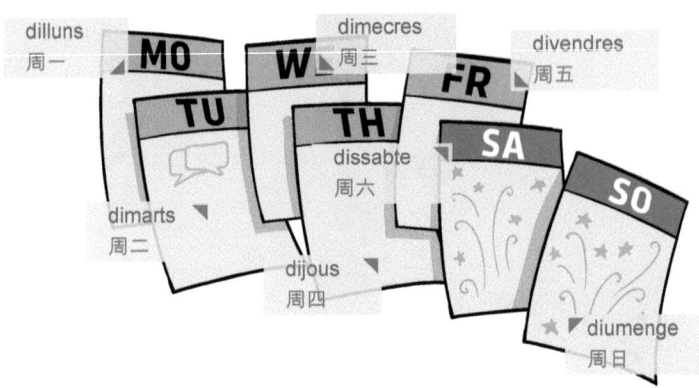

dilluns 周一 · dimecres 周三 · divendres 周五 · dimarts 周二 · dijous 周四 · dissabte 周六 · diumenge 周日

ahir

昨天

avui

今天

demà

明天

matí

早晨

migdia

中午

tarda

晚上

dia feiner

工作日

cap de setmana

周末

any

年

pluja
雨
arc de Sant Martí
彩虹
neu
雪
vent
风
primavera
春
tardor
秋
estiu
夏
hivern
冬

4.APRIL 11°
5.APRIL 4°
6.APRIL 13°
7.APRIL 8°
8.APRIL 10°

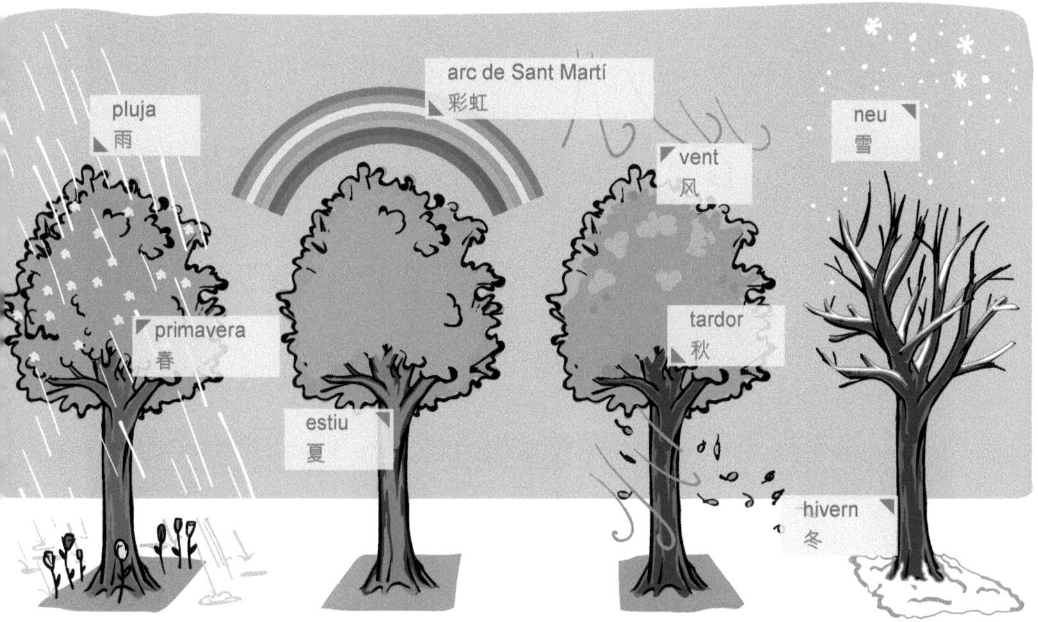

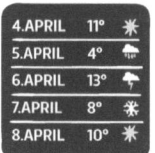

pronòstic del temps

天气预报

F
C
120
90
60
30
0
-30
40
30
20
10
0
-10
-20

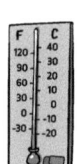

termòmetre

温度计

llum del sol

阳光

núvol

云

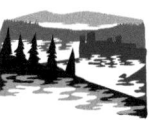

boira

雾

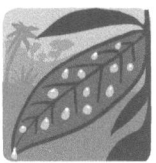

humiditat de l'aire

潮湿

llamp

闪电

tro

打雷

tempesta

风暴

calamarsa

冰雹

monsó

季风

inundació

洪水

gel

冰

gener

一月

febrer

二月

març

三月

abril

四月

maig

五月

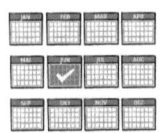

juny

六月

juliol

七月

agost

八月

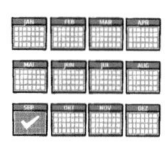

setembre

九月

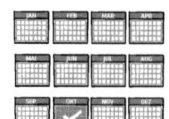

octubre

十月

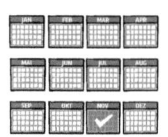

novembre

十一月

desembre

十二月

formes

形状

cercle

圆形

quadrat

正方形

rectangle

长方形

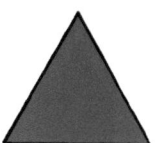

triangle

三角形

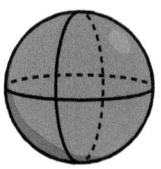

esfera

球体

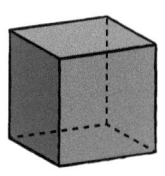

cub

立方体

colors

颜色

blanc

白

groc

黄

taronja

橙

rosa

粉

vermell

红

lila

紫

blau

蓝

verd

绿

marró

棕

gris

灰

negre

黑

molt / poc

很多/少许

emprenyat / tranquil

生气/平静

bonic / lleig

美/丑

començament / fi

首/尾

gran / petit

大/小

clar / fosc

明/暗

germà / germana

兄弟/姐妹

net / brut

干净/肮脏

complet / incomplet

完整/缺失

dia / nit

白天/晚上

mort / viu

死/生

ample / estret

宽/窄

comestible / immenjable

可食用/非食用

dolent / amable

邪恶/善良

entusiasmat / entediat

兴奋/无聊

gros / prim

胖/瘦

primer / darrer

第一/最后

amic / enemic

朋友/敌人

ple / buit

满/空

dur / tou

硬/软

pesant / lleuger

重/轻

gana / set

饿/渴

malalt / sà

生病/健康

il·legal / legal

非法/合法

intel·ligent / ximple

聪明/愚笨

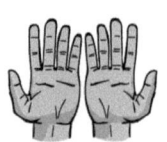

esquerra / dreta

左/右

prop / llunyà

近/远

nou / usat

新/旧

res / quelcom

没有/有些

vell / jove

老/幼

encès / apagat

开/关

obert / tancat

打开/合上

silenciós / sorollós

安静/吵闹

ric / pobre

富/穷

correcte / incorrecte

对/错

aspre / suau

粗糙/光滑

trist / content

伤心/高兴

curt / llarg

短/长

lent / ràpid

慢/快

humit / sec - eixut

湿/干

calent / fred

温暖/凉爽

guerra / pau

战争/和平

0

zero

零

1

u

一

2

dos

二

3

tres

三

4

quatre

四

5

cinc

五

6

sis

六

7

set

七

8

vuit

八

9

nou

九

10

deu

十

11

onze

十一

12

dotze

十二

13

tretze

十三

14

catorze

十四

15

quinze

十五

16

setze

十六

17

disset

十七

18

divuit

十八

19

dinou

十九

20

vint

二十

100

cent

百

1.000

mil

千

1.000.000

milió

百万

anglès

英语

anglès americà

美式英语

xinès mandarí

普通话

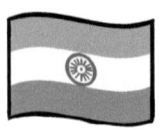

hindi

印地语

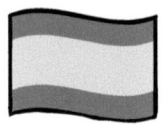

espanyol

西班牙语

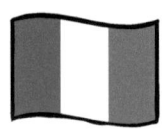

francès

法语

àrab

阿拉伯语

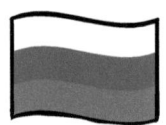

rus

俄语

portuguès

葡萄牙语

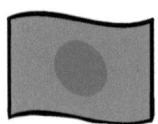

bengalí

孟加拉语

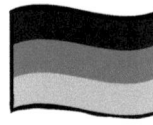

alemany

德语

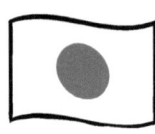

japonès

日语

jo

我

tu

你

ell / ella / allò

他/她/它

nosaltres

我们

vosaltres

你们

ells

他们

qui?

谁？

què?

什么？

com?

怎样？

on?

哪里？

quan?

什么时候？

nom

名字

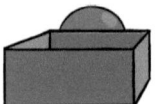

darrere

后面

en

里面

davant de

前面

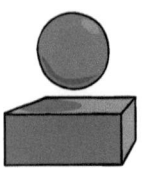

damunt

上方

sobre

上面

sota

下面

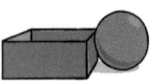

al costat

旁边

entre

中间

lloc

地点